Katharina Neudeck

Unbeschreiblich wertvoll

30 Andachten für Königskinder

mediaKern

Liebe Leserin, lieber Leser

Es ist mein erstes Andachtsbuch, das du in den Händen hältst.

Ich kann keine theologische Ausbildung vorweisen und habe mich beim Schreiben im Gebet und vom Geist Gottes leiten lassen.

Die Bibelstellen sind mir persönlich im Laufe der Zeit sehr wichtig geworden.

Beim Nachdenken über die Andachten wurde ich selbst ermutigt und vom Wort Gottes gestärkt.

Es ist eine Kraft, die vom Geist Gottes ausgeht, und ein Geschenk an dich!

Du bist »unbeschreiblich wertvoll« – und »30 Andachten für Königskinder« sollen dich in deinem Alltag stärken, da wo du stehst und Gottes Hilfe brauchst.

Vielleicht hilft es dir, am Morgen oder am Abend, so wie dein Tagesablauf es zulässt, in diesem Andachtsbuch zu lesen.

Beim Schreiben wurde mir neu bewusst, dass ich gerade in meiner Schwachheit, meiner Unvollkommenheit und mit meinen Fehlern für Gott von Nutzen sein kann.

Gott fragt nicht nach unserer Ausbildung, unserem Elternhaus, unserer Familiensituation, er will, dass du und ich ihm nachfolgen und wir uns ihm mit unseren Gaben zur Verfügung stellen.

So wie er mich gebrauchen will, als Sängerin, Mutter, Ehefrau, Songwriterin und jetzt auch Autorin (wer hätte das gedacht?)!

Lass dich ermutigen von Gottes Wort, du bist unbeschreiblich wertvoll für Jesus!

Mit Jesus an deiner Seite wird das Leben nie langweilig und du wirst beschenkt werden mit dem Segen des allmächtigen Vaters im Himmel.

Gott segne dich!

Herzlichst

Katharina Neudeck

Der Herr ist mein Hirte,
mir wird nichts mangeln.

Psalm 23,1

Wie sorglos sind die Schafe auf der Weide. Sie fressen Gras und haben immer das Gefühl, durch den Hirten beschützt zu sein. Sie ziehen von Ort zu Ort und sind zufrieden.

Der Hirte kennt sie, er weiß genau, wenn ein Schaf krank ist oder verloren gegangen ist. Er kümmert sich um seine Herde.

Jesus bezeichnet sich als diesen Hirten. Es fällt mir zwar schwer, mich mit einem Schaf zu vergleichen, aber dieser Vergleich hilft mir, damit ich Glauben nachvollziehen kann. Wenn ich Jesus, meinem Hirten, meine Sorgen anvertraue und die Hoffnung habe, dass er mich sieht und hört – gerade auch wenn es mir schlecht geht –, macht mir das Mut! Er verspricht, dass es mir an nichts mangeln wird.

Ja, es wird mir an nichts fehlen. Bevor ich zu ihm komme, weiß er schon Bescheid.

Ich habe für meine Kinder diesen Psalm vertont, damit sie ihn leichter auswendig lernen. Und immer wieder singe ich dieses Lied mit dem Publikum bei Konzerten.

In dem Psalm geht es auch um die Fürsorge meines

Vaters im Himmel, den gedeckten Tisch, die Gelassenheit, die ich spüren darf, wenn Feinde mich bedrängen und vernichten wollen.

Da gibt es einen, der für mich streitet, heute und morgen. Einen, der seinen »Hirtenstab« ausstreckt und mich tröstet. Ich muss kein Unglück fürchten oder Angst haben. Er ist ein barmherziger Vater und irgendwann darf ich in diesem Zuhause sein, im Himmel.

Das ist eine Zusage, die ich ernst nehme, und ich darf mich fallen lassen in diese starken Arme des Guten Hirten Jesus.

Herr, ich danke dir, dass du dich um mich kümmerst und mich heute mit deinem Segen umgibst.

Wie der Hirsch schreit nach frischem Wasser, so schreit meine Seele, Gott, zu dir.

Psalm 42,2

Es kommt vor, dass ich im Urlaub oder in den Ferien vergesse, meine Bibel zu lesen. Das liegt bestimmt daran, dass mir dieser Rhythmus fehlt, den ich sonst im Alltag mit Schulkindern habe. Da habe ich morgens die »stille Zeit« mit Gott.

Ich merke aber schnell, dass mir etwas fehlt und ich völlig unausgeglichen oder gereizt bin. Gut zu wissen, was mir Kraft gibt in meinen Herausforderungen des Alltags.

Ich lechze förmlich nach diesem Wasser – wie der Hirsch in Psalm 42.

Meine Seele will Nahrung haben und die Sehnsucht wird nur durch das Lesen in der Bibel gestillt, das Beten mit meinem Gott gibt mir die Ruhe, die ich brauche. Ich will vor ihn treten, in Gedanken vor seinen Thron, und zu ihm kommen!

Jeder Tag ist ein neues Abenteuer, den mein »Routenführer« neu für mich geplant hat.

Wie oft denke ich, dass ich alles allein bewältigen kann.

Meine Aufgaben fordern mich manchmal bis an die Grenze, als Mutter, Ehefrau, Sängerin …

Ich möchte den Tag mit einem offenen Geist und einem offenen Herzen beginnen, das sich verändern lassen will.

Jesus Christus weiß, was ich brauche, um allem gerecht zu werden.

Mein Tipp für dich heute: Lies Gottes Wort, die Bibel. Vor allem die Psalmen sind mir sehr wichtig geworden. Auch in der damaligen Zeit gab es Traurigkeit und Freude. Das gehört zum Leben dazu, aber wir sind nicht hoffnungslos, sondern dürfen voller Hoffnung mit dem rechnen, der unsere Unzufriedenheit, Angst und Mutlosigkeit in etwas Positives verwandelt: in Freude!

Danke für dein Wort, das du uns gegeben hast. Hilf mir immer wieder dabei, dich zu suchen, damit ich in deiner Nähe und Liebe baden kann.

Fürchte dich nicht, ich bin mit dir; weiche nicht, denn ich bin dein Gott. Ich stärke dich, ich helfe dir auch, ich halte dich durch die rechte Hand meiner Gerechtigkeit.

Jesaja 41,10

Ich erinnere mich noch gut, dass ich als Kind Angst vor der Dunkelheit hatte. Alles, was am Tage harmlos aussah, wurde in der Nacht zum Albtraum. Bei Nachtspaziergängen im Dorf mit meiner Oma war mir immer etwas unheimlich und wir fingen an, laut zu singen. Alle Lieder, die wir kannten und die uns einfielen, wurden in die Nacht geschmettert. Das gab uns Sicherheit und Schutz!

Gerne denke ich daran zurück und muss schmunzeln.

Bei Gott bekomme ich dieses Gefühl der Geborgenheit wieder, wenn mich Dunkelheit einschüchtern will. Er sagt: »Fürchte dich nicht, ich bin mit dir.«

Was ist das für ein Zuspruch und eine Verheißung! Er verspricht, mich zu halten und mich zu stärken, mir zu helfen. Gerade in diesen Zeiten, wo ich meinen nächsten Schritt nicht sehe, das eigentlich klare Ziel dunkel ist.

Er wird uns nicht immer genau das zeigen, was vor

uns liegt, aber uns alles geben, was wir für diesen Weg brauchen. Seine lebendige Gegenwart ist auf jedem Schritt unser Begleiter.

Gottes Gegenwart ist die beste Straßenkarte, die es gibt für meinen Weg. Es ist ihm nicht egal, wie ich meine Angst überwinde, sondern er möchte dabei sein, wenn ich mich der Angst stelle und meiner Furcht.

Ich darf ihn beim Wort nehmen, seine rechte Hand ergreifen und um Hilfe rufen oder auch singen, seinen Namen loben und ihm danken.

Du sagst mir, dass ich mich nicht zu fürchten brauche. Das will ich glauben und mich neu voller Vertrauen dir zuwenden. Danke, Vater, dass du mir zur Seite stehst und mir hilfst.

Denn ich bin gewiss, dass weder Tod noch Leben, weder Engel noch Mächte noch Gewalten, weder Gegenwärtiges noch Zukünftiges, weder Hohes noch Tiefes noch irgendeine andere Kreatur uns scheiden kann von der Liebe Gottes, die in Christus Jesus ist, unserm Herrn.

Römer 8,38.39

Als mein Mann Johannes und ich heirateten, haben wir uns diesen Vers als Trauspruch ausgesucht. Wir haben ihn in unseren Ehering eingravieren lassen.

Das Leben können wir leider nicht vorhersagen und wir können uns auch nicht aussuchen, in welche Familie wir hineingeboren werden. Menschen können uns enttäuschen oder auch der Ehepartner. Eine Krankheit ereilt uns, mit der wir nicht gerechnet haben. Es passieren unvorhergesehene, schreckliche Dinge, die uns von der Familie oder unseren Kindern trennen.

Dieser Vers soll dich trösten. Es kann dich und mich nichts trennen von der Liebe Gottes.

Er möchte, dass ich ganz sein bin. Die Sicherheit finde ich nur bei ihm, nicht in anderen Menschen oder Umständen. Vielleicht denkst du, das fühlt sich an wie ein Drahtseil, auf dem du balancierst, aber unter dir ist ein Sicherheitsnetz, die Arme des lebendigen Gottes.

Schau einfach nach vorne und auf ihn. Du darfst einen Schritt nach dem anderen ihm nachgehen.

Jesus ist dir immer einen Schritt voraus. Er befreit mich auch von meinen Abhängigkeiten, in denen ich gefangen bin, die mich quälen.

Jesus will in meine Gedanken kommen, in meine Gefühle, in meinen Alltag.

Lass es zu, dass er sich heute um dich kümmert, und glaube daran, dass dich nichts aus seiner Hand reißen kann.

Danke, dass du die Liebe bist, die mich festhält und trägt. Du bist es, der mich nicht aus der Hand gibt, weil du mich so sehr liebst. Ich bin dein Kind, eine neue Kreatur. Es kann mir nichts geschehen, weil du auch im Hohen und Tiefen meines Lebens bist. Danke, Vater im Himmel.

Ein jegliches hat seine Zeit,
und alles Vorhaben unter dem Himmel
hat seine Stunde.

Prediger 3,1

»Alles hat seine Zeit, jeder Tag, jede Stunde, bis hin zur Ewigkeit …«, so erklingt es in einem Lied, das ich geschrieben habe. Das Lachen, das Weinen, das Trauern, das Arbeiten, das Feiern hat seine Zeit.

Alles, was auch immer wir tun, ist in diese Zeit Gottes eingepackt.

Wenn ich weiß, dass alles Vorhaben, jede Aktivität ihre Zeit hat, kann ich gelassener werden. Ich kann mich fallen lassen in der Phase, in der ich jetzt gerade bin.

Niemals geschieht etwas, ohne dass es mein Vater im Himmel weiß. Er ist da in meiner Zeit der Trauer, wo ich mich allein fühle, in meinem Selbstmitleid gefangen. Es ist auch seine Zeit, wenn ich mit Krabbelkindern die Stunden zähle, bis ich sie ins Bett bringen kann, in den Tagen, die nicht enden wollen, oder wenn ich arbeite und mir alles über den Kopf wächst, die Firma meine Zeit verschlingt, meine Teenie-Kinder mich herausfordern. Alles hat seine Zeit.

Ich darf wissen, dass alles einen Sinn hat und gibt.

Jesus sagt: »Ich bin bei dir. Ich bin bei dir in der Phase, in der du steckst. Ich bin bei dir, wenn du kein Land siehst, aber ich bin auch bei dir in deiner Hoch-Zeit, wenn du glücklich bist.«

Es ist alles verankert in den Händen des Allmächtigen. Denn er hält die Fäden zusammen.

Seit ich gelernt habe, das für mich anzunehmen, kann ich besser loslassen. Meine Kinder, meinen Mann, meine Konzerttermine …

Darum: Lassen wir Jesus die Mitte in deinem und meinem Leben sein!

Herr, ich will es glauben, dass du alle Zeit in deiner Hand hast. Danke, dass du mich führst, heute und bis hin zur Ewigkeit bei dir.

Einen andern Grund kann niemand legen außer dem, der gelegt ist, welcher ist Jesus Christus.

1. Korinther 3,11

Dieser Vers war der Konfirmationsspruch meines Onkels. Bei seiner Beerdigung diente er als Predigt. Zwar kannte ich den Vers vorher schon, aber ich hatte nie tiefer darüber nachgedacht. Bei meiner Heimfahrt wurde er zum Lied.

Bei »Grund« denkt man an ein Fundament, etwa beim Hausbau. Da braucht es eine Bodenplatte und den Beton, damit das Haus nachher gut steht, den Stürmen gewachsen ist.

Was ist das Fundament bei mir? Habe ich eine stabile Grundlage, damit mein Haus, mein Leben sicher stehen kann?

Der erste Schritt ist, dass ich Jesus zum Mittelpunkt meines Lebens mache. Er umgibt mich von allen Seiten. Er registriert alle meine Gedanken und Gebete. Jesus möchte mein Fundament sein und der Glaube an ihn gibt mir Sicherheit.

Der zweite Schritt ist, dass ich mir bewusst mache, dass Jesus für mich am Kreuz gestorben ist. Meine Schuld ist auf seinem Konto gelandet. Er will in meinem und deinem Leben die Konstante sein, die dir und mir in einem unberechenbaren Umfeld Stabilität und Orientierung gibt.

Der dritte Schritt ist, dass ich mir Gemeinschaft mit anderen Christen suche. Eine Gemeinde oder Kirche, damit ich Gott loben und ihn anbeten kann. In allen Augenblicken meines Lebens will er meine Aufmerksamkeit und wird dich und mich segnen und uns mit seinem Frieden beschenken.

Danke, Vater, dass du in meinem Leben der Grund sein willst, der trägt und mich hält. Lass mich immer wieder deine Nähe suchen, um von dir beschenkt zu werden mit der Fülle deiner Gnade und Liebe.

Ich schaue hinauf zu den Bergen – woher kann ich Hilfe erwarten? Meine Hilfe kommt vom Herrn, der Himmel und Erde gemacht hat!
Der Herr wird nicht zulassen, dass du fällst; er, dein Beschützer, schläft nicht.

Psalm 121,1–3

In meiner Kindheit sind wir oft als Familie gewandert und haben die Berge erklommen. Was für ein Anblick hat sich uns geboten, wenn wir es geschafft hatten und oben beim Gipfelkreuz den Blick genießen konnten! Eine schöpferische Weite und herrliche Farben bestaunten wir. Der Abstieg war meist schneller und leichter …

Unser Leben gleicht einer Berg- und Talfahrt.

Jemand hat einmal gesagt: »Nur wer durch Täler geht, weiß den Gipfel der Berge zu schätzen.«

Wie wahr! Im Psalm heißt es: »Meine Hilfe kommt vom Herrn, der Himmel und Erde gemacht hat!«

Es gibt so vieles, was unsere Aufmerksamkeit auf sich lenken will, aber wir sollten nicht zulassen, dass uns diese Dinge von Jesus wegziehen.

Diese Täler, die ich durchlaufe, flößen mir Respekt ein und möchten mich von ihm abbringen, aber immer wieder will Jesus vorausgehen.

Wer Jesus vertraut, den wird er mit Güte umgeben. Durch Höhen und Tiefen wird er dich begleiten.

Er ist immer derselbe und sollte dein und mein Fixpunkt im Leben sein.

Dieser Gott, der alles geschaffen hat, streckt mir seine Hand entgegen, will mir helfen.

Immer wieder passiert es, dass ich Gott auf meinen Verstand reduzieren will und denke, sein Handeln sei vorhersehbar.

Ich möchte mich immer wieder daran erinnern, will meine Gedanken und Gefühle ordnen und mich Gottes Weisheit anvertrauen.

Jesus möchte dich auf deinem Wanderweg durchs Leben begleiten.

Vertraue ihm!

Du bist der Allmächtige, der Himmel und Erde gemacht hat. Ich möchte mich neu deiner Führung anvertrauen und es darauf ankommen lassen, dass du es am besten weißt. Danke, Herr, dass du mir dabei hilfst.

Habe deine Lust am Herrn; der wird dir geben, was dein Herz wünscht.

Psalm 37,4

Wie schön, ich bekomme alles, was ich mir wünsche? Also, eigentlich habe ich schon immer von einem Cabrio geträumt ... Und wie wäre es mit viel Geld? Natürlich würde ich auch etwas spenden und den Bedürftigen davon abgeben!

Spaß beiseite ...

Eigentlich könnte man das Wort »Lust« mit »Freude« übersetzen. Habe deine Freude am Herrn!

Was bedeutet das? In einer Predigt habe ich einmal gehört, dass man Gott an die erste Stelle setzen sollte.

Das gilt für meine Familie, meinen Job, meine Gemeinde. Wie oft werde ich mit Problemen und Nichtigkeiten, ja Luxusproblemen konfrontiert, die mich davon abhalten, alles für Jesus zu tun.

Dinge, die mir die Freude an ihm trüben und sie mir nehmen.

Er will ungeteilte Aufmerksamkeit.

Ein Beispiel: Ich sitze mit meinem Mann in einem Café und er ist nur damit beschäftigt, seine Mails zu checken oder Nachrichten zu schreiben. Unsere Zeit zusammen ist rar, also mache ich ihn natürlich darauf aufmerksam. Ich möchte, dass er mich anschaut, mein neues Outfit bewundert und mir zuhört. Logisch, oder?

Genauso ist es in unserer Beziehung zu Jesus. Halbherzige Leute kann er nicht gebrauchen. Mit den Gedanken ständig woanders, das macht unzufrieden und füllt unsere Herzen und Seelen nicht aus.

Die Herausforderung besteht darin, sich selbst in Geduld zu üben, uns immer wieder auf das Wesentliche, auf unseren Vater im Himmel zu konzentrieren. Unser Ehrenamt, unser Einsatz, das, was wir für ihn tun, wird von ihm gewürdigt.

Die Freude an ihm gibt mir und dir Kraft, darum sollten wir dieses wunderbare Geschenk zu würdigen wissen.

Diese Segnungen, die er für mich hat, stärken mich und geben mir Freude die Fülle! In mein Herz, in dein Herz, heute und morgen.

Danke, dass du mein Herz kennst und meine geheimen Wünsche. Ich will dich als Nummer eins in meinem Leben und dir ungeteilte Aufmerksamkeit schenken. Hilf mir bitte dabei.

Kommt her zu mir, alle, die ihr mühselig und beladen seid; ich will euch erquicken.

Matthäus 11,28

Eines Morgens saß ich vor meinem Klavier und habe mir selbst Freude und Mut zugesungen.

Ich grübelte über irgendeinem Problem, ich weiß nicht mehr, was es war, da kam mir dieser Vers in den Sinn. Bald darauf wurde dieser Vers zum Lied, in nur zwei Stunden – aus einem »Guss« sozusagen.

Das ist höchst selten, wenn es gelingt, Refrain und Strophe gleichzeitig fertigzustellen. Es fühlt sich an wie ein »Himmelskuss«! Dieses Lied tröstet mich immer noch!

Die Sorgen überlasse ich Jesus. Ich werde durch sie hindurchgetragen. Das verspricht er mir hier.

Die Last allein zu bewältigen kann so mühsam und kräftezehrend sein. Oftmals ertappe ich mich beim Beten dabei, dass ich Jesus eine Sorge zwar abgebe, aber sie mich immer wieder einholt.

Wie ein Bumerang: Ich werfe – die Sorge kommt zurück, ich werfe – die Sorge kommt zurück …

Es ist ein Kreislauf, den du sicher auch kennst.

Was hält uns davon ab, Gott bis zum Schluss zu vertrauen? Meinen wir, dass er es nicht hinbekommt und wir nachhelfen müssen?

Wenn ich Jesus das Steuer überlasse, bringe ich zum Ausdruck, dass ich ihm vertraue.

Manchmal hilft es, sich abzulenken, zum Beispiel mit Lobpreismusik oder durch das Auswendiglernen eines Psalmverses. Beschäftige dich und deinen Geist mit guten Dingen, gehe spazieren, triff dich mit Freunden. Kreise nicht immer um deine Sorge. Die liegt außerhalb deiner Kontrolle!

Vertraue seiner Gnade und er wird dir Ruhe schenken. Diese Last, die du mitschleppst, will er tragen, seine Schultern sind dafür genau richtig, nicht deine!

Jesus ist der sichere Boden unter meinen Füßen. Mit ganzer Kraft darf ich mich an ihm festhalten, meine Lasten und Sorgen ihn tragen lassen. Das schafft er mit Leichtigkeit!

Seiner bedingungslosen Liebe und seiner Fürsorge vertraue ich heute!

Du bist es, der meine Sorgen tragen will. Danke dafür, Vater im Himmel. Ich will lernen, dir zu vertrauen, und sie dir abgeben. Hilf mir, sie nicht zurückzuholen, denn allein schaffe ich das nicht. Du hast die Kraft für uns beide.

Der Gott des Friedens aber (…), der mache euch tüchtig in allem Guten, zu tun seinen Willen, und schaffe in uns, was ihm gefällt.
Hebräer 13,20.21

Als unsere Kinder noch sehr klein waren und wir beim Essen schon Kämpfe mit ihnen ausfechten mussten, ist mir zum ersten Mal richtig klar geworden, dass wir als Eltern nicht perfekt sind und unsere Kinder auch nicht. Das Menschliche steckt in uns drin, auch bei den Kleinen. Was haben wir bei Tisch manchmal geschwitzt, wenn wir stark sein mussten und uns durchsetzen sollten. Die Wurst schmeckt eben ohne Brot so viel besser …

Stell dir vor, dein schlechtester Tag mit Jesus an deiner Seite ist so viel besser als dein bester Tag ohne ihn! Du hast einen Freund.

Wie oft habe ich ein Stoßgebet gesprochen und konnte bei Diskussionen ruhig bleiben.

Der Vers im Hebräerbrief sagt, dass Gott uns mit allem Guten ausrüstet, damit wir seinen Willen tun können.

Es fängt bei mir an, denn an mir will Gott arbeiten. Wir sind niemals perfekt, aber durch seinen Geist und seine Nähe können wir Jesus ähnlicher werden, damit wir in seinen Spuren laufen können.

Ein Kleinkind lernt von Woche zu Woche mehr dazu, es macht viel Freude, das zu beobachten. Genauso ist es in deinem Glaubensleben. Das Wachsen im Geist wird Frucht bringen, sodass du selbst das Wachsen spürst, das Jesus in dir vollbringt.

Du wirst es selbst merken, wenn du auf deine eigene Kraft hoffst, dass du schwach bist. Wie ein Kind brauchst du am Anfang die helfende Hand.

Den Willen Gottes erkennst du in seinem Wort, der Bibel.

Lass dich gebrauchen und lerne jeden Tag, kleine Schritte im Vertrauen zu gehen.

Hilf mir heute, Herr, das Gute zu sehen und zu tun. Ich will in deiner Anbetung ruhen und dir folgen. Danke, Herr, dass du mich veränderst.

Seid nicht träge in dem, was ihr tun sollt.
Seid brennend im Geist. Dient dem Herrn.

Römer 12,11

Ein Landwirt braucht kein Unkraut auf dem Acker zu säen, um die Ernte zu verderben. Der Acker bringt selber das Unkraut hervor! Der Bauer braucht nur untätig zu sein und es geht mit seiner Wirtschaft von selbst abwärts.

Niemand braucht etwas Besonderes anzustellen, um sein Leben zu verlieren. Du brauchst kein Verbrechen zu begehen – das Verbrechen, das Böse kommt ganz von allein, wenn ich mich treiben lasse!

Wenn ich die Bibel liegen lasse und das Beten aufgebe, mich von der Gemeinde fernhalte, dem Wachsen des Unkrauts im Herzen untätig zusehe, verliere ich ganz von selbst die persönliche Beziehung zu Jesus. Ich werde lust- und kraftlos. Mein »alter Mensch« nimmt in meinem Herzen zu und das raubt mir die Gemeinschaft, die ich mit Jesus haben könnte.

Jesus will uns einladen und heilen. Er verzeiht mir, wenn ich ihm den Rücken zugewandt habe. Mit offenen Armen möchte er dich heute umarmen und die Leere füllen, die dich umgibt.

Heilung beginnt, wenn wir uns danach ausstrecken.

Heilung beginnt, wenn wir einen Schritt nach vorne tun.

Gottes Hilfe ist nahe und immer verfügbar, aber nur für die, die ihn suchen.

Es kann sehr schmerzhaft sein, wenn Jesus mein Herz durchleuchtet und die Schattenseiten ans Tageslicht kommen. Es ist wie ein Frühjahrsputz, der aber danach das Schöne und Kostbare zum Vorschein bringt.

Jesus will dich! Jesus wartet heute auf dich!

Lass die Heilung in deinem Leben zu und öffne dein Leben und dein Herz für ihn.

Hilf mir, Herr, nicht träge zu sein in meinem Glauben. Hilf mir, dich neu in mein Leben einzulassen, damit das Böse in mir keine Macht hat. Danke, Vater.

Ihr aber seid ein auserwähltes Geschlecht, ein königliches Priestertum, eine heilige Nation, ein Volk zum Besitztum, damit ihr die Tugenden dessen verkündigt, der euch aus der Finsternis zu seinem wunderbaren Licht berufen hat.

1. Petrus 2,9

Fühlst du dich auch manchmal missachtet?

Neue Klamotten, ein neuer Style, eine Typ-Veränderung helfen für eine Weile. Aber wenn du eine permanente Veränderung willst, lerne dich zu sehen, wie Gott dich sieht.

Du hast kein Selbstwertgefühl und kannst dich selbst nicht annehmen? Jesus hat dich auserwählt!

In 1. Petrus 1,18 steht: »Denn ihr wisst, dass ihr nicht mit vergänglichen Dingen, mit Silber oder Gold, erlöst worden seid von eurem eitlen, von den Vätern überlieferten Wandel, sondern mit dem kostbaren Blut Christi als eines Lammes ohne Fehler und ohne Flecken.«

Die Herausforderung ist, sich daran immer wieder zu erinnern. Darüber zu meditieren und sich darauf zu konzentrieren.

Mein Tipp: Pflege dich und deinen Körper – wir sind ein »königliches Priestertum«!

Ernähre dich bewusst und vollwertig, überlege, was du zu dir nimmst.

Treibe Sport, suche dir irgendeine Bewegung, die dir und deinem Leistungsvermögen entspricht – am besten an der frischen Luft. Sauerstoff tut Körper und Seele gut.

Denn Körper, Seele und Geist gehören zusammen.

Du hast für dich selbst die Verantwortung.

Natürlich schmeckt uns Schokolade, aber die ganze Tafel zu essen schadet mir. Da kann es sein, dass es mich irgendwann einholt, mir schlecht wird oder eben auf den Rippen landet.

Es gilt, die Balance zu finden. In meinem Leben mich nach der Mitte auszustrecken, die mir Halt gibt.

Ich wünsche dir, dass du mutig bist und immer wieder bereit bist, an dir zu arbeiten. Damit Jesus in dir Raum hat, dich nach seinen Vorstellungen zu formen.

Du bist ein Königskind!

Du bist es, der mich als sein Kind angenommen hat. Danke, Herr, dass du mich gebrauchen willst, damit ich Vorbild sein kann für andere. Du schenkst mir Kraft dazu, danke!

Denn er hat seinen Engeln befohlen, dass sie dich behüten auf allen deinen Wegen.

Psalm 91,11

Wir waren unterwegs zu einem Einsatz in Kroatien im April, als auf der Autobahn starkes Schneetreiben begann, das uns zwang, die nächste Ausfahrt zu nehmen, da wir schon Sommerreifen hatten. Mit einer »Rutschpartie« und viel Nervenkitzel schafften wir es bis zu einem Rastplatz auf einer Anhöhe.

Die Straßen waren jedoch so glatt, dass wir unbeabsichtigt auf ein entgegenkommendes Auto zurasten. Ein Zusammenprall war unvermeidlich, mein Mann konnte das Lenkrad gerade noch herumziehen, um größeren Schaden abzuwenden. Wir streiften einander »nur«. Als die Männer anschließend nach dem Blechschaden suchten, konnten sie nichts finden, auch die Polizei nicht. Mein Mann schickte mich und die Kinder in einen Gasthof vor, damit wir übernachten konnten, es war schon später Abend, 22 Uhr. Wir bekamen das letzte Zimmer für fünf Personen.

Glaubst du an Zufall? Der Zusammenstoß, der noch mal gut gegangen ist? Das freie Zimmer, als hätte der Gasthof auf uns gewartet?

Meine Kinder haben sofort gesagt: »Da war Gott im Spiel!«

Wofür gibt es Engel? Engel können uns tagtäglich begegnen, sie sind die Boten Gottes.

In dem Psalmvers heißt es: »... dass sie dich behüten auf allen deinen Wegen.«

Wenn ich allein bin, mein Mann auf Dienstreisen ist oder wenn ich Angst vor Einbrechern habe, bete ich und weiß, dass Gott seine Engel um unser Haus stellt. Das hilft mir sehr, sodass ich getrost schlafen kann. Ich gebe meine Sorgen ab und stelle mich unter den Schutz Gottes.

Genauso bete ich, wenn alle aus dem Haus gehen, dass die Engel mit in die Schule gehen, meine Kinder und meinen Mann begleiten.

Es entzieht sich so vieles meiner Verantwortung. Ich kann nicht beschützen bis zum Ende, aber Gott kann es.

Wir haben als Christen das Vorrecht, dass eine ganze Armee Engel für uns »streitet« und uns beschützt. Halte daran fest und glaube daran, dass nichts zu groß für deinen Gott ist!

Danke, Vater, für deine Boten, die Engel. Ich will mich unter deinen Schutz stellen und vertrauen, dass du mich beschützt. Du hast die Macht, dir sei Ehre und Dank.

Lass dich nicht vom Bösen überwinden, sondern überwinde das Böse mit Gutem.
Römer 12,21

Zu Beginn unserer Ehe bekamen wir den Ratschlag, niemals im Streit oder Zorn ins Bett zu gehen, sondern immer das Gespräch und die Versöhnung zu suchen. Bis heute haben wir das beherzigt und noch etwas »draufgelegt«: keine schwierigen Themen nach 22 Uhr anzusprechen. Das hat den Grund, dass ich mich sonst zu sehr in eine Sache hineinsteigere und dann nicht schlafen kann, die Zeit zum »Abkühlen« dauert zu lange!

Das Böse überwinden, was bedeutet das?

Der Vers steht in einem Abschnitt, in dem der Apostel Paulus sein Verständnis der christlichen Feindesliebe entfaltet. Wer seinem »Feind« Gutes tut, wird nicht ihn, sondern die Feindschaft selbst überwinden.

Was soll ich tun? Wie soll ich mich entscheiden? Wie lebe ich richtig? Das sind die Fragen, die mit diesem Wort verbunden sind.

Mein Sohn hat neulich im Religionsunterricht die goldene Regel durchgenommen: »Behandelt eure Mitmenschen in allem so, wie ihr selbst von ihnen behandelt werden wollt« (Matthäus 7,12).

Das heißt nicht, dass ich immer klein beigeben soll und mich unterordnen muss. Aber hilft es mir, immer auf mein Recht zu pochen? Macht mich das glücklich?

Das Böse in unserer Welt nimmt zu, auch in unserer Gesellschaft gibt es Verrat, Mobbing, Unehrlichkeit. Und Geld und Macht sind die größten Anfechtungen in der Welt.

Du bist eingeladen, dich mit dem Höchsten zusammenzutun und zu beschließen: »Ich mache da nicht mit. Ich möchte mit der Hilfe meines Herrn gegensteuern und das Gespräch, den Kompromiss und das Gebet suchen.«

Jesus hat das Böse am Kreuz überwunden und die Versöhnung gebracht, die Brücke zu Gott geschlagen. Ein Opfer, das er gerne für dich und mich gebracht hat.

Darum: Überwinde das Böse mit Gutem!

Gott, du bist mein Vater, der mir zeigt, wie ich das Böse mit deiner Hilfe überwinden kann. Hilf mir, in deiner Spur zu laufen, und zeige mir den Weg zu dir. Ich danke dir dafür.

Er ist wie ein Baum, gepflanzt an Wasserbächen, der seine Frucht bringt zu seiner Zeit und dessen Laub nicht verwelkt; alles, was er tut, gelingt ihm.

Psalm 1,3

Ich frage mich, weshalb eine Frau, die schwanger wird, nicht am nächsten Tag ihr Baby bekommen kann. Wieso muss sie erst dick werden und ist den hormonellen Schwankungen ausgesetzt?

Warum hat Gott die Erde nicht an einem Tag erschaffen?

Die Antwort lautet: Wachstum braucht Zeit!

Gott hätte die Erde an einem Tag erschaffen können, aber er wollte genießen! Eine schwangere Frau braucht die neun Monate Zeit, um sich auf das Baby vorzubereiten. So manches würde uns überfordern, wenn wir den Wachstumsprozess übergehen würden.

Einer Pflanze und einem Baum können wir nicht beim Wachsen zusehen, aber wenn wir nach einer Weile nachsehen, können wir das Wachstum erkennen.

So ist es auch mit unserem Glauben!

Jeder lebendige Baum wächst in zwei Richtungen, in die Tiefe und in die Höhe. Jeder von uns braucht die verborgenen Wurzeln, das tiefe Wohnen in Gott, den Ursprung des Lebens.

Groß zu werden, ohne tief zu wurzeln, ist lebensgefährlich.

Darum ist es so wichtig, dass du den Rückzug in die Wirklichkeit des Geistes Gottes, das tiefe Hineinwachsen in die Liebe Jesu immer neu übst. Das geschieht im Gebet, wo meine und deine Wurzeln das lebendige Wasser bekommen, das sie brauchen.

Jesus hat sich auch immer wieder zum Gebet zurückgezogen.

Du kannst nur arbeiten, wenn du auch betest. Du kannst vor Menschen nur bestehen und vermagst nur dann große Dinge zu tun, wenn du vorher vor Gott gekommen bist. Du kannst den Stürmen heute nur trotzen, wenn du mit Jesus eins bist.

Wurzeln bedeuten für den Baum die Verbindung zur Lebensquelle und zum Lebensinhalt.

Der Glaube an Jesus und der verborgene Umgang mit Gott im Gebet sind Lebensquelle und Haltgeber für uns.

Bleibe mit dem Ewigen verwurzelt, er ist deine Lebensquelle!

Du hast es mir in deinem Wort gesagt, dass du die Quelle bist, die ich brauche. Danke, dass du mir die nötige Versorgung gibst für mein Leben. Du bist der Schöpfer und schenkst mir die Geduld zum Wachsen und Reifen. Danke dir, Vater.

Meine Gnade genügt dir, denn meine Kraft kommt in Schwachheit zur Vollendung. Sehr gerne will ich mich nun vielmehr meiner Schwachheiten rühmen, damit die Kraft Christi bei mir wohne.

2. Korinther 12,9

Es war vor einem Konzert. Ich saß im Auto und hatte noch ein wenig Zeit, bevor ich den Soundcheck machen konnte. Die Besucher kamen zum Teil schon angereist, um bei meinem Auftritt dabei zu sein. Von einem Moment auf den nächsten fühlte ich mich total überfordert und dachte: »O weh, wie soll ich das Publikum heute überhaupt unterhalten …?« Zu Hause waren noch manche Anforderungen und viel Trubel gewesen und ich war so müde. Das Herz schlug mir panisch bis zum Hals. Schweißnasse Hände gaben mir den Rest …

Ich begann zu beten – genau dieses Gebet, das Paulus hier meint: »Gerade wenn ich schwach bin, Herr, willst du in mir wirken und mir helfen. Ich vertraue dir, dass du den Abend mit mir gestaltest und mir Kraft gibst!«

Innerlich wurde ich ruhig, ging noch mal mein Programm durch und wusste mich getragen von meinem Herrn. Der Abend wurde wunderschön, er war gesegnet.

Wie oft stehen wir vor Aufgaben und Sorgen und sind überfordert, weil uns so vieles gefangen nimmt. Ein riesiger Berg steht vor uns. Es scheint unmöglich, ihn zu überwinden.

»Doch meine Kraft kommt gerade in deiner Schwachheit zur Vollendung«, sagt Jesus. »Ich, der Herr, bin in deiner Mitte.«

Ebenso wie sich die Sonne im Zentrum unseres Sonnensystems befindet, lebt Jesus im Zentrum unseres Wesens. Er ist in unserem Körper, in unserer Seele und in unserem Geist!

Ein wunderbarer Gedanke, dass der allmächtige Gott in dir und in mir lebt. Das Bewusstsein dieser Tatsache sollte alle Mutlosigkeit in dir verscheuchen und dich mit unvorstellbarer Freude erfüllen.

Du wirst heute von Gottes göttlicher Macht gestärkt!

Ich danke dir, dass du in mir wirkst, mein Vater. Du kannst deine Macht in mir groß werden lassen, weil du mir in meiner Schwachheit hilfst. Ich lobe dich dafür!

Seid nüchtern und wacht; denn euer Widersacher, der Teufel, geht umher wie ein brüllender Löwe und sucht, wen er verschlinge.

1. Petrus 5,8

Gerade vor Konzerten oder Großveranstaltungen ist mir diese Anfechtung bewusst. Eine Mitorganisatorin sagte einmal: »Wir können sicher sein, dass bei unserer Planung und Veranstaltung der Teufel auf dem Veranstaltungsgelände sitzt und sich ins Fäustchen lacht, wenn er entgegenarbeiten und zerstören kann. Da wird der Techniker krank oder der Hauptredner und die Technik funktioniert nicht!«

Das merke ich auch persönlich, wenn ich ein Konzert vor mir habe. Dann versucht er, in meine Ehe hineinzukommen oder in meine Familie, ein Anruf, der mich aus dem Konzept bringen soll, oder andere Dinge passieren, die mich aus der Ruhe bringen.

Im Vers oben heißt es, dass wir nüchtern und wachsam sein sollen. Wenn ich mich sicher fühle und alles relativ gut läuft, kann mich die Anfechtung aus heiterem Himmel treffen, ich kann zum Beispiel unerwartet den Job verlieren, plötzlich einen Unfall haben, der mich zurückwirft, oder eine Krankheit.

Wir sollen fest im Glauben stehen, uns in allen Lebenslagen immer an Jesus wenden und wissen, dass es trotz aller Sicherheit, die ich bei ihm habe, Mächte gibt, die mich zerstören wollen. Das Böse ist stark, aber Gott in seiner Macht und Kraft noch viel stärker. Mach dir das immer bewusst!

Es ist ein Kampf, wenn du Jesus nachfolgst, und nicht immer der einfache und bequeme Weg. Das hat uns sein Wort, die Bibel, schon prophezeit. Aber wir dürfen uns im Glauben und Vertrauen auf den stützen, der die Welt überwunden hat.

Jesus kämpft auf deiner Seite und seine Engel nehmen es mit allen Mächten dieser Welt auf.

Darum sei froh und unverzagt und wage es, ihm dein Leben immer neu anzuvertrauen, in aller Anfechtung!

Du bist mächtig, dein Name ist groß, Herr im Himmel. Danke, dass du mir heute in meinen Anfechtungen hilfst und mit mir an meiner Seite kämpfst!

Ich will dich segnen
und du sollst ein Segen sein.

1. Mose 12,2

Jemand hat einmal gesagt: Einen Menschen zu segnen heißt, ihn in die Schatzkammer Gottes zu schieben!

Das ist das Beste, was ich meinem Nächsten mitgeben kann: das Segnen!

In diesem Vers sagt es Gott zu Abraham, als er sein Land verlassen und in ein neues gehen soll, das er noch nicht kennt. Dafür verspricht ihm Gott Schutz und Segen.

Die Segnungen des Geistes Gottes sind überquellende Segnungen. Wenn sie in meinem Herzen wirken dürfen, dann wird der Herr gepriesen in meinem Leben.

Es gibt viele Möglichkeiten, diese Segnungen weiterzugeben: vielleicht ein Telefonat, eine Mail, das unterstützende Gebet für eine bevorstehende OP, Kuchen backen für die Gemeinde, Gäste bewirten, einen Gebetskreis gründen …

Das wird gesehen von den Menschen um uns herum.

Leider leben wir in einer Ich-Gesellschaft: »Erst komm ich und dann komm ich!« Wer macht etwas für andere, und das umsonst? Jeder muss schauen, wo er bleibt, auch finanziell und beruflich.

Lassen wir die Segnungen im Leben zu, die uns geschenkt sind. Du bist für eine Person heute wichtig, und Gott will dich gebrauchen, seine Segnungen und Ermutigungen weiterzugeben.

Eine Frau kam einmal nach einem Konzert auf mich zu und sagte: »Danke, dass Sie mich ermutigt haben mit Ihren Liedern und den Bibelversen, nun fühle ich mich neu gestärkt und gesegnet.«

Das kannst du auch! Bitte Gott, dir zu zeigen, wo du heute zum Segen sein darfst mit dem, was du kannst und hast, als Gabe oder Aufgabe.

Danke, Vater, für die Segnungen in meinem Leben. Ich möchte diesen Segen weitergeben, den du mir geschenkt hast. Zeige mir, was ich heute für dich tun kann.

Darum verlieren wir nicht den Mut.
Wenn auch unsere körperlichen Kräfte aufgezehrt werden, wird doch das Leben, das Gott uns schenkt, von Tag zu Tag erneuert.

2. Korinther 4,16

Ich muss zugeben, ich bin selten krank – aber wenn es mich erwischt, dann richtig. Umso schwerer fällt es mir, meine Bettruhe einzuhalten oder meine Termine zu streichen. Schön, wenn es dann endlich bergauf geht und ich wieder gesund und energiegeladen bin.

Im angegebenen Vers heißt es, dass wir alle Tage erneuert werden, auch wenn unsere körperlichen Kräfte nachlassen.

Wir sollen uns nicht von unseren gestrigen Fehlern und Enttäuschungen entmutigen lassen. Du kannst heute neu anfangen und Gottes Willen tun.

Konzentriere dich auf Jesus, dann wird er anfangen, dich nach und nach zu verändern. Dieser Prozess kann ein Leben lang dauern. Ein Weg, der voller Probleme und Schmerzen ist, aber auch ein Weg voller Freude und Frieden sein kann. Jesus ist dein Freund und geht mit.

Es ist der Heilige Geist, der diese Erneuerung bewirkt. Er lebt in dir. Er sorgt dafür, dass du immer mehr lernst, aus der Gnade Gottes zu leben.

Wir werden immer mit Leid und Schwierigkeiten konfrontiert werden, aber lass dich nicht entmutigen. Du darfst darauf bauen, dass Jesus in jeder Situation den Überblick behält und deine Hand ergreift, dich hält.

Gib nicht auf, auch wenn du nicht mehr weitersiehst als bis zu den nächsten Stunden. Hoffe auf deinen himmlischen Vater, der dich am Ende deines Lebens in seine Herrlichkeit holt. Niemals wird er dich im Stich lassen, denn er liebt dich als sein Kind!

Danke, dass du mir versprochen hast, auch in Krankheit und Leid für mich da zu sein. Du bist der Vater, der mich liebt und mich umsorgt. Du willst mich erneuern und an mir arbeiten. Danke, dass du mich nicht aufgibst.

Bei Gott sind alle Dinge möglich.

Matthäus 19,26

Mir ist das Walken lieb geworden. Die Gedanken kann ich mit meinem Atem und meinen Schritten kreisen lassen, dazu noch die frische Luft genießen. Wie herrlich in jeder Jahreszeit!

Die Natur ist ein Workshop Gottes. Alles um uns herum hat er gemacht und erschaffen.

Willst du wissen, wer Gott ist? Dann schau dich um und staune über seine Schöpfung und seine Kreativität.

Alles, was dich kontrollieren will, kontrolliert ihn nicht.

Deine Probleme, die dich umtreiben, treiben ihn nicht um.

Ein Adler ist nicht durch den Straßenverkehr beeinträchtigt, er erhebt sich in die Lüfte und schwebt!

Ein Wal lässt sich von einem Hurrikan auf dem Meer nicht beirren, nein, er schwimmt weiter.

Ein Löwe hat keine Angst, sich dem Gegner zu stellen und zu kämpfen.

Diese Beispiele habe ich aufgezählt, damit du siehst, wie mächtig Gott ist, und keine Angst zu haben brauchst.

Das Auge im Sturm ist ruhig. Dort darfst du ruhen und gewiss sein, dass dir nichts passieren wird, weil du bei Gott diese Ruhe erfahren kannst.

Suche seine Nähe im Gebet, lege ihm alles hin, was dir Sorgen bereitet, wo du ruhelos bist.

Lass nicht zu, dass die Sorgen dich einlullen.

Manche Menschen sind mit ihren Sorgen wie in einem Schaukelstuhl und wippen damit vor und zurück, ohne je hochzukommen.

Steh auf – komm hoch und heraus aus der Komfort-Sorgen-Zone. Jesus kümmert sich darum. Lass los! Wenn du nicht abgeben willst und nicht loslassen kannst, werden dich die Sorgen immer wieder einholen. Du wippst vor und zurück …

Bei Gott sind alle Dinge möglich! So können sich Situationen ändern, die vorher nicht zu lösen waren.

Ich wünsche dir, dass du das glauben kannst – für heute – und du die Gewissheit bekommst, dass dich nichts von seiner Liebe trennen kann und bei Gott alles möglich ist.

Danke, dass bei dir alle Dinge möglich sind. Du hast alles in der Hand. Hilf mir, das anzunehmen und dir immer wieder meine Sorgen abzugeben. Danke, Herr.

Bei Gott allein findet meine Seele Ruhe, von ihm kommt meine Hilfe. Er allein ist mein Fels und meine Rettung, ja, er ist meine sichere Festung. Dank seiner Hilfe werde ich nicht zu Fall kommen.

Psalm 62,2.3

Je älter ich werde, desto mehr lerne ich, die Stille zu schätzen. Früher musste bei mir immer Musik laufen und ich ließ mich berieseln. Heute lasse ich gerne das Radio aus, und wenn ich Musik höre, konzentriere ich mich auf den Text oder die Musik.

Sind wir nicht alle auf der Suche nach Stille und Geborgenheit? In unserer Zeit lässt sich das immer schwerer finden. Hektik, Termine, Lärm und Verpflichtungen bedrohen unsere Stille.

Der Verfasser des Psalms, König David, beschreibt seine spannungsgeladene Zeit damals. Ich lade dich ein, einmal den ganzen Psalm 62 zu lesen. Er passt gut in unsere heutige Zeit.

Gerade in unserer unsicheren und schnellen Zeit benötigen wir diese Zuflucht, die wir bei Gott finden. »Meine Seele ist stille zu Gott, der mir hilft.«

Ich brauche keine einsame Insel, abgeschieden vom Weltgeschehen. Ich brauche keinen Dauerurlaub, weg von allem Alltagstrott.

Was ich brauche, was meine Seele braucht, ist: Gottes

Gegenwart zu suchen. Seine Nähe zu genießen und zu versuchen, meinen Lobpreis in den Alltag einzubauen.

Ich genieße es, mit meinen Kindern Musik zu machen – manchmal nur schnell vor oder nach dem Abendessen. Natürlich kannst du das anders machen; lege eine CD ein und singe dazu. Eine Weisheit besagt: »Musik wäscht den Staub des Alltags von der Seele.« Genau so empfinde ich das auch.

Darum setze wie David dein Vertrauen auf Gott. Setze dein Vertrauen auf Gottes Wort! Überlass Gott die Antworten, wenn du feindlich angegriffen wirst. Er ist deine Burg und lässt dich nicht fallen. Genieße die Stille und Ruhe, die er in dein Herz gibt.

Das ist die wahre Wellness-Kur für Geist und Seele.

Du bist es, der mir die Stille schenkt. Ich danke dir, dass du mir hilfst, meine Gedanken und Gefühle vor dich zu bringen. Du bist ein Gott, der mir Ruhe schenkt und inneren Frieden.

Wir lassen nicht ab, für euch zu beten und zu bitten, dass ihr erfüllt werdet mit der Erkenntnis seines Willens in aller geistlichen Weisheit und Einsicht.

Kolosser 1,9

Eine Frau kam nach einem Konzert auf mich zu und sagte, dass sie mich und meine Familie jeden Tag auf ihrer Gebetsliste habe und für uns bete. Ich war zutiefst gerührt und bedankte mich!

Das ist das Schönste und Größte, was uns passieren kann: uns gegenseitig ins Gebet zu nehmen.

Paulus und Timotheus beten und bitten für die Gemeinde in Kolossä. Die Christen liegen ihnen auf dem Herzen. Sie danken für die Gemeinde jedes Mal, wenn sie beten.

Wofür beten wir? Was sind die Dinge, die du vor Gott bringst? Was ist dir wichtig?

Du betest vielleicht für Dinge, die du dir wünschst, um Bewahrung und Schutz oder für Familie und Freunde.

Paulus betet hier, dass die Gemeinde erfüllt sein möge mit der Erkenntnis seines Willens. Die Erkenntnis, dass wir in unserem Herzen spüren und fühlen, was Gott von uns will. Die uns dazu anhält, Gottes Willen zu tun und danach zu leben.

Eine gute Frage! Der Heilige Geist möchte dich und mich in die geistliche Wahrheit und Einsicht leiten. Weisheit bedeutet, zu sehen, was in Gottes Augen richtig ist.

Wie oft bin ich in Situationen, in denen ich nicht weiß, was gut und richtig ist. Wir brauchen die Klarheit des Heiligen Geistes, der uns leitet.

Wenn es nicht Gottes Wille ist, der mich erfüllt, dann ist es irgendetwas anderes. Was mich erfüllt, das beeinflusst mein Denken und Handeln. Lass nicht zu, dass du von etwas weniger Bedeutsamem erfüllt wirst, sondern gib deinem Herzen Raum für Gottes Geist, damit er dich mit Weisheit erfüllen kann.

Du kennst mich, Herr. Ich bitte dich, lass mich von deiner Weisheit und Erkenntnis erfüllt sein. Ich vertraue mich dir an.

Über dir geht auf der Herr, und seine Herrlichkeit erscheint über dir.

Jesaja 60,2

Ich liebe Kinder! Sie sind so ehrlich, und wenn ich sie anlache und sie zum Lachen bringe, geht die Sonne auf.

Kinder halten nichts zurück und können viel schneller verzeihen als wir Erwachsenen. Wahrscheinlich meint Jesus das, wenn er sagt, dass wir wie die Kinder werden sollen.

Für einen Säugling ist nichts wichtiger, als dass er seine Mutter immer bei sich hat. Die Grundbedürfnisse sind gestillt und das Kind weiß, wenn sie da ist, mangelt es ihm an nichts.

So will Gott, dein Vater, für dich da sein. Seine Herrlichkeit, seine Gegenwart will bei dir sein.

Gott freut sich über dich.

Wenn du jemanden anlächelst, vermittelst du damit: »Ich sage Ja zu dir, du bist in Ordnung, ich akzeptiere dich.«

Gott sagt nicht nur Ja zu dir, er lächelt dir auch zu. Er liebt dich! Das muss so tief in deinem Herzen verwurzelt sein, dass du es immer wieder spürst.

Der Friede Gottes ist wie ein goldener Lichtstrahl, der ständig auf dich leuchtet. An den dunklen Tagen hebt er sich deutlich von deinen Umständen ab.

Deine schweren und dunklen Zeiten sind die Gelegenheiten, in denen Gottes Licht hell leuchten kann.

Der Friede erscheint über dir. Ein Friede, der mehr Macht hat als die Dunkelheit.

Niemals möchte der Vater, dass du dich alleingelassen fühlst, sondern er will mit dir gehen und über dir stehen.

Darum verliere nicht den Mut und gib nicht auf. Er wird mit dir sein.

Du bist der Friede. Deine Herrlichkeit ist groß und mächtig. Du lächelst mir zu. Ich bin in Ordnung für dich. Dafür danke ich dir. Du willst mich begleiten und mir nahe sein. Ich lobe deinen Namen.

Wer zum Herrn aufschaut, der strahlt vor Freude und sein Vertrauen wird nie enttäuscht.

Psalm 34,6

Vertrauen!

Bist du jemand, der schnell vertraut?

Es kommt natürlich auf die Umstände an. Wenn du einen Urlaub in den Bergen geplant hast und dich der Lift hoch hinauf bringen soll, dann musst du vertrauen, dass die Anlage so konzipiert ist, dass sie hält.

Bei Investment oder Geldanlagen sieht das wieder anders aus. Es braucht ein gewisses Maß an Gespür und Menschenkenntnis, wenn wir unsere Finanzen jemandem anvertrauen.

Ich erinnere mich an einen Kindergeburtstag unserer Tochter, wir hatten einen Ausflug ins Schwimmbad geplant, als eine Mutter zu uns sagte, wie mutig wir seien. Darüber hatten wir uns vorher keine Gedanken gemacht. Heute denke ich: Wenn da etwas passiert wäre! Die Hälfte der Eltern waren Juristen!

In unserer Zeit ist es nicht selbstverständlich, dass wir überall sicher sein können, dass unser Vertrauen nicht missbraucht wird.

In Davids Psalm heißt es: »Wer zum Herrn aufschaut, der strahlt vor Freude …«

Zuversichtlich leben – könnte das für uns heute heißen: Halte daran fest, dass es für Gott ein Kleines ist, dir zu helfen?

Maria können wir glauben, die sagte: »Bei Gott ist kein Ding unmöglich!«

Rechne mit dem Gott, der allen Schwierigkeiten weit überlegen ist.

Die Verbundenheit mit Gott, dem Schöpfer, gab David festen Halt, wenn um ihn herum scheinbar alles ins Wanken geraten war. Er vertraute seinem Gott bedingungslos.

Wenn du in die Gegenwart deines Herrn trittst, dann wirst du strahlen und wieder lachen. Sei gewiss, dass er ein Interesse daran hat, dass du ihm vertraust!

Dein zuversichtliches Leben wird Kreise ziehen. Es wird auch in anderen Zuversicht und Vertrauen wecken, dass sie getrost ihren Weg gehen können – Jesus nach!

Ich will dir vertrauen und zu dir aufschauen. Danke, Vater, dass du mich nicht enttäuschen willst und das Beste für mich bereithältst.

Der Herr heilt, die zerbrochenen Herzens sind, und verbindet ihre Wunden.

Psalm 147,3

Es gibt nichts, was es heutzutage nicht gibt. Unsere Kinder wachsen mit einer Selbstverständlichkeit in der modernisierten Welt auf. Die Kleinsten haben schon ein Handy und sind wenig später in sozialen Netzwerken unterwegs.

Doch immer mehr beobachte ich, dass uns das nicht glücklich macht. Kaputte Familien, Schicksalsschläge, Burn-outs, psychische Erkrankungen.

Wir scheinen in Europa alles zu haben und trotzdem nehmen die Krankheiten zu. Woran liegt das? Wird immer weniger auf echte Beziehung Wert gelegt, auf gemeinsame Mahlzeiten, auf Gemeinschaft? Es dreht sich alles schneller und wir genießen den Fortschritt, den unsere Vorfahren nicht hatten, aber sind unglücklich.

Nur einer kann unsere Herzen heilen – und das ist Jesus! Dein Verletztsein, deine Wunden, dein zerbrochenes Herz, all das kann er heilen.

Bei ihm brauchst du keine lange Vorlaufzeit, um einen Termin zu bekommen. Er hat immer für dich Zeit und ein offenes Ohr.

Menschen können verletzen und uns schaden, da gibt es Mobbing in Schule, Beruf und Privatleben. Das ist eine böse Sache und kann dich im schlimmsten Fall zerstören. Es kann dich lähmen und du bist zu nichts mehr fähig. Dazu mag eine Depression kommen, möglicherweise zerbricht eine Ehe – du kommst nicht mehr raus aus dem Tief.

Suche die Hilfe bei Gott, deinem Herrn. Er ist mächtig und kann für dich kämpfen. Sein Heer von Engeln beschützt dich und wird für dich streiten!

Gott ist dein Arzt und verbindet deine Wunden. Bei allen Unsicherheiten können wir uns auf ihn verlassen.

Ich glaube fest daran, dass alles seine Zeit und auch das tiefste Leid seinen Sinn hat.

Der Vater im Himmel wird dich trösten und schenkt dir heute eine Umarmung, die dich im Herzen wärmt.

Vertraue diesem Herrn, der dein Innerstes am besten kennt.

Meine Verletzungen und mein Herz kennst nur du, Herr. Ich hoffe auf dich und will an dir festhalten, weil du mich heilen willst. Danke, dass ich mit dir rechnen kann. Du sorgst für mich, das hast du mir versprochen.

Lobe den Herrn, meine Seele, und was in mir ist, seinen heiligen Namen!

Psalm 103,1

Hast du heute schon gelobt und gedankt?

Ich gebe zu, das fällt mir nicht immer leicht. Wenn ich genervt bin oder im Straßenverkehr nicht vorankomme, eine Terminsache drückt und ich in Zeitnot bin.

Wir sollen in allen Lebenssituationen Gott loben. Eine Utopie? Meine Umstände, in denen ich gerade bin, geben das überhaupt nicht her, wie soll ich da loben und danken?

»Loben zieht nach oben, danken schützt vor Wanken.« Ein Sprichwort, das es auf den Punkt bringt.

Der Psalm lädt mich ein, dass am Morgen mein erster Gedanke Gott gelten möge.

Ich wache auf, bedanke mich bei ihm für eine gute Nacht, den erholsamen Schlaf. Auf dem Weg zum Bad singe ich zwar keine Loblieder, aber es hilft mir, mit einem ersten kleinen Gebet meine Morgenroutine zu durchbrechen. Ist es nicht wunderbar, dass dieser Gott dich und mich heute sieht und hört? Dieser Herr ist heilig und will das Beste für dich.

Vielleicht versuchst du, Gott heute in deinen Alltag einzubeziehen und ihm zu danken, zum Beispiel für die Kaffeemaschine, die deinen Kaffee macht, für die Waschmaschine, die für dich wäscht, für die Heizung, dass du es warm hast in deiner Wohnung, für deinen Ehepartner, für die Kinder, für deinen Job …

Es gibt ihn – den Grund zu danken, da bin ich mir sicher und dann wird unser Blick auf den gerichtet, der uns Mut machen will, in unserem Alltag zu bestehen. Du bist sein Kind, und er versorgt dich mit dem, was du heute brauchst. Beginne mit Danken und Loben, singe ein Lied für ihn!

Herr, danke, dass du mir heute zeigst, wie viel Segen ich von dir bekomme, trotz meiner Umstände oder meiner Situation. Ich danke dir von Herzen für alles, was ich schon Gutes erfahren habe.

Lasst uns aber wahrhaftig sein in der Liebe und wachsen in allen Stücken zu dem hin, der das Haupt ist, Christus.

Epheser 4,15

Bist du eher ein positiver Mensch, dem es leichtfällt, in allem etwas Gutes zu sehen? Oder eher negativ, sodass du oft schon schwarzsiehst, bevor eine Aufgabe begonnen ist?

Es ist wichtig, dass wir positive Gedanken über uns selbst haben. Du kannst dein Leben und deine Mitmenschen nicht lieben, wenn du nur negativ denkst.

Wenn du ein eher pessimistischer Mensch bist, dann empfehle ich dir, deine Denkweise zu ändern. Das kannst du nur, wenn du Gott im Gebet um Hilfe bittest, dass du positiver denken lernst.

Vielleicht denkst du: »Wenn ich nichts Gutes erwarte, dann kann ich auch nicht enttäuscht werden.« Natürlich ist das der einfachste Weg, aber so kommst du aus diesem Kreislauf nicht heraus.

Paulus sagt, dass wir wahrhaftig in der Liebe sein sollen und wachsen zu Christus hin. Was für eine Herausforderung!

Wir können in jeder Situation üben, zuversichtlicher zu sein. Wir können für unsere Mitmenschen beten, dass wir sie lieben lernen.

Erwarte von Gott, dass er die Dinge, die dich umtreiben, zum Guten wendet.

Als Christ müssen wir um unsere Gedankenwelt kämpfen. Unser Verstand ist nicht immer im Einklang mit den Plänen Gottes. Ehrlichkeit und Wahrheit sind der erste Schritt, Gott ähnlicher zu werden.

Wir machen Fehler und können immer neu anfangen. Niemand ist vollkommen, aber Gott ist es. Wir dürfen von ihm lernen, weil er Liebe gelebt hat.

Das geht nicht gleich von heute auf morgen. Manches braucht Zeit und Geduld.

Erlaube Gott, deine Gedanken mit seinen in Übereinstimmung zu bringen. Er wird dir zeigen, wie deine Gedanken positiver werden können, damit du leichter Beziehung und Gemeinschaft leben kannst. Immer das Ziel vor Augen, Jesus ähnlicher zu werden.

Herr, bringe meine Gedanken in Einklang mit deinen, dass meine negativen Gedanken nicht überhandnehmen und ich dir ähnlicher werden kann. Ich möchte deine Liebe in meinem Herzen spüren, zu dir hin möchte ich wachsen. Hilf mir bitte dabei. Danke!

Ich freue mich im Herrn und meine Seele ist fröhlich in meinem Gott; denn er hat mir die Kleider des Heils angezogen und mich mit dem Mantel der Gerechtigkeit gekleidet.

Jesaja 61,10

Fröhlichkeit ist ansteckend. Die Freude in unseren Herzen kann übersprudelnd sein. Du brauchst keinen Lottogewinn, keine neue Küche, kein neues Auto, keinen Urlaub auf Hawaii, um fröhlich zu werden.

Ich habe in Osteuropa Menschen kennengelernt, die mit sehr wenig glücklich waren.

Das Verhängnisvolle ist, dass uns die Werbung und die Medien etwas anderes vermitteln wollen. Meine Mutter hat immer gesagt: »Wenn ein Wunsch erfüllt ist, dann wartet schon ein nächster.« Es wird nie genug sein, wir wollen immer mehr und sitzen dem trügerischen »Habenwollen« auf.

Jesaja sagt, dass unsere Freude im Herrn ist und unsere Seele fröhlich in ihm. Das ist eine Freude, die nichts mit den irdischen Gütern der Welt zu tun hat.

Wenn du zu einer Mülldeponie gehst, liegen dort Sachen, die Menschen einst glücklich und zufrieden gemacht haben, aber nun Abfall sind. Es vergeht alles! Was heute jeder haben will und muss, ist morgen veraltet.

Du wirst keine Freude, keine innere Freude im Leben finden, wenn du nach irdischen Gütern strebst. Jesus will dich glücklich machen, dir die Kleider des Heils anziehen, dich mit Segen überfluten.

Manchmal sind wir gehetzt und getrieben und haschen nach dem Wind. Diese Vergänglichkeit der Welt und des Lebens begleitet uns bis zum Tod.

Bei Jesus findest du ewiges Leben und einen Reichtum, der mehr wert ist als alle Dinge, die du dir schon immer kaufen wolltest.

Denke daran, diese Sachen werden morgen »out« sein, aber Gottes Wort bleibt in Ewigkeit.

Hilf mir, Jesus, dass ich nach der Freude und Fröhlichkeit von dir strebe. Danke, dass du mich glücklich machen kannst und meine Seele zufrieden machst.

So sei nun stark, mein Kind, durch die Gnade in Christus Jesus.

2. Timotheus 2,1

Es ist ein harmloses, vielleicht auch etwas albernes Spiel, das meine Jungs und ich miteinander spielen. Wir messen und vergleichen unsere Oberarme. Welcher Bizeps ist am stärksten? Manchmal kommt das Armdrücken dazu – da habe ich gegen sie leider keine Chance mehr.

Die Bibel meint hier etwas anderes mit Starkwerden. Wir sollen stark werden durch die Gnade.

Ohne Gnade können wir nicht leben. Wir können sie uns aber auch nicht verdienen. In der hebräischen Sprache heißt Gnade »emet«, was auch mit »Treue« übersetzt werden kann. Gott will dir treu sein, er schenkt dir seine Gnade. Du wirst stark, indem du sein Wort liest, das dich mit Kraft ausrüstet und dir in deinen Lebenssituationen hilft.

Lass dich von Jesus auf deinen Tag vorbereiten, alle deine Sorgen sind ihm schon vertraut. Jede Minute, die du Gott schenkst, und die Gemeinschaft mit ihm machen dich stark und helfen dir.

Oft sind wir versucht, bei einem vollen Tag das Bibellesen und das Gebet zu streichen. Ein Irrtum! Wenn du willst, dass dein Tag erfolgreich wird, dann bete noch mehr und suche das Gespräch mit deinem Gott.

Du wirst eine Stärke spüren und erleben, die nichts mit irdischem »Bodybuilding« zu tun hat, sondern die Kraft des Heiligen Geistes wird mit dir sein.

Leider kämpfen wir gegen unsichtbare Mächte und Gewalten. Diese Mächte sind stark und führen uns in Versuchung. Wir werden mit ihnen in unserer Gesellschaft konfrontiert.

Vertraue deinem Gott, der dich stärkt mit seinem Wort: »Denn Gott hat uns nicht gegeben den Geist der Furcht, sondern der Kraft und der Liebe und der Besonnenheit« (2. Timotheus 1,7).

Halte dich an diese Zusage und glaube daran, dass Jesus stärker ist, sich mit seiner Kraft mit dir verbindet und bei dir ist.

Du bist stark und mächtig, Herr. Ich möchte durch dich diese Stärke erfahren und vertraue dir, dass du mit mir gehst. Du bist mein Freund und hilfst mir. Dafür lobe und preise ich deinen Namen.

Ich vermag alles durch den,
der mich mächtig macht.

Philipper 4,13

Als ich meine Tochter in mein »Andachtsprojekt« miteinbezog, fragte ich sie, welcher Bibelvers ihrer Meinung nach nicht fehlen dürfe. Sie schlug mir Philipper 4,13 vor – einen Vers, der auch mir sehr gut gefällt.

Unser Leben fordert uns manchmal ganz schön heraus. Es gibt Situationen, die sehr unangenehm sind und uns zuweilen überfordern. Manchmal scheint es, dass wir nur noch aufgeben können, und wir sind entmutigt.

Wir leben in einem Zeitalter, in dem Selbstverwirklichung großgeschrieben wird. Buchhandlungen sind voll mit Büchern, in denen es darum geht, wie man sich selbst zum Mittelpunkt aller Dinge macht und alles allein schafft.

In Gottes Gegenwart lernst du, wie du in Christus vollständig wirst. Er macht dich tüchtig und gibt dir die Hilfe, die du brauchst. Die Abhängigkeit, die du in Jesus erfährst, wird dich stark machen in der Hoffnung, in der Liebe, im Glauben, im Geist.

Wenn du vor einem Problem stehst und nicht glaubst, dass du es schaffst, dann hoffe auf den, der sich damit auskennt und dir hilft. Probiere es aus, lass dich fallen in die Arme des Herrn.

Du brauchst nicht »dein Ding« durchzuziehen, um danach mit hängender Zunge dazustehen. Viele Menschen glauben, dass sie für alles allein verantwortlich sind und niemandem vertrauen können. Sie scheuen sich, die Hilfe Gottes anzunehmen.

Gott hat dir die Gewänder des Heils angezogen und ist für dich gestorben. Für Jesus ist nichts unmöglich.

Suche nicht an falschen Stellen Bestätigung oder in dem Bild, das andere von dir haben, sondern Gottes bedingungslose Liebe ist für dich da und ermutigt dich, im Vertrauen auf ihn deinen Tag zu bewältigen. Setze einen Schritt vor den anderen, es macht nichts, wenn du das Morgen noch nicht kennst. Der Herr, dein Gott, wird mit dir gehen und dich ausrüsten mit Kraft und Weisheit.

Das Vertrauen in dich will ich nicht verlieren, sondern mich daran erinnern, dass du allem gewachsen bist. Ich danke dir, dass du in mir wirken und mich verändern willst. Du schenkst mir deine Kraft, weil du mein Vater bist und mich liebst.

Bibliografische Information der Deutschen Nationalbibliothek
Die Deutsche Nationalbibliothek verzeichnet diese Publikation in der Deutschen Nationalbibliografie; detaillierte bibliografische Daten sind im Internet über http://www.dnb.de abrufbar.

ISBN 978-3-8429-1623-4

Bestell-Nr. 5.121.623

Umschlagbild: Getty Images / rashch; Kronen: Getty Images / Tetkoren
Umschlaggestaltung, Layout und Satz: Ch. Karádi
Lektorat: Dr. Ulrich Parlow
Gesamtherstellung: Drukarnia Dimograf, Bielsko-Biała, Polen
Printed in the EU 2018

www.media-kern.de